LEA AUBERT

HOROSKOP
DER LIEBE

STERNZEICHEN

WASSERMANN

Ausgabe 2014
Umschlaggestaltung: Allen Lee
Titelabbildungen: aus Bildern von dreamstime.com
Herstellung und Verlag: Books on Demand GmbH, Norderstedt
Printed in Germany

ISBN 9783839131671

Kein Teil dieses Buches darf ohne ausdrückliche Genehmigung des Autors in irgendeiner
Form reproduziert oder unter Verwendung elektronischer Systeme verarbeitet, vervielfäl-
tigt oder verbreitet werden.

Inhalt

Das Sternbild des Wassermanns

Aquarius

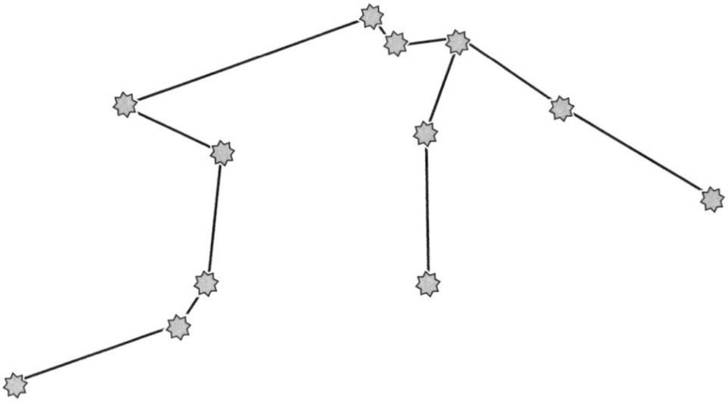

Die Sage des Wassermanns

Um die Herkunft des Wassermanns in der Mythologie ranken sich mehrere Geschichten.

Eine Sichtweise sieht den Wassermann als Deukalion. Deukalion spielte eine ähnliche Rolle wie der biblische Noah: Als Zeus beschlossen hatte, das Eherne Zeitalter mit einer großen Flut zu beenden, befahl Prometheus seinem Sohn Deukalion, ein Schiff zu bauen. Als Griechenland überschwemmt wurde, begaben sich Deukalion und seine Frau Pyrrha an Bord und waren nach der neun Tage und Nächte andauernden Flut die einzigen Überlebenden.

Als der Gerettete in seiner Verzweiflung das Orakel der Themis befragte, was er nun tun solle, sagte ihm die Stimme, dass er „die Knochen seiner Mutter über seine Schulter werfen solle". Dieser Untat wäre Deukalion nicht fähig gewesen.

Nach einiger Zeit erkannten die Überlebenden die wahre Aussage des Orakelspruchs: Mit „Mutter" war die Mutter Erde, Gaia, gemeint, mit den „Knochen" die in der Erde liegenden Steine.

So fingen sie an, die Steine, die sie vor ihren Füßen fanden, über ihre Schultern zu werfen. Die Steine Deukalions wurden zu Männern, die seiner Gattin wurden zu Frauen. So wurde die Erde wieder bevölkert. Deukalion war der Vater des neuen Menschengeschlechts.

Eine andere Sichtweise sieht Kekrops den I. als den Wassermann. Er war der Begründer Athens. Sein Grab liegt auf der Akropolis von Athen.

Die Wassermann-Frau

Die Wassermann-Frau ist eine Persönlichkeit, die sagt, was sie denkt. Nicht selten eckt sie dadurch etwas an und kann sogar manchmal einen Eklat auslösen. Ab und zu wird sie deshalb auch als Sprachrohr missbraucht, das jemand nutzt, der selbst nicht genügend Mut aufbringen kann. In der Schulzeit ist sie meist diejenige, die sich gegen ungerechte Lehrer zur Wehr setzt – ohne Rücksicht auf ihre Zensuren.

Ihren Beruf sieht sie als „Berufung" und ergreift ihn aus wirklichem Interesse. Geld ist dabei ein wünschenswerter Nebeneffekt, jedoch nicht das Ausschlaggebende. Sie kann auch in humanitären Aufgaben voll aufgeben und Befriedigung finden.

Von ihren Freundinnen wird sie oft um Rat gefragt. Sie versteht es, Lösungen vorzuschlagen, die andere nicht auszusprechen wagen. Sie redet nicht lange um den heißen Brei herum, sondern bringt alles klar auf den Punkt – auch wenn ihre Antworten manchmal unangenehm sind.

Wer sich in sie verliebt, sollte sich darüber klar sein, dass sie ihr unabhängiges und freies Leben weiter führen wird. Durch nichts lässt sie sich einschränken und bleibt ihren Prinzipien und einmal getroffenen Entscheidungen treu.

Die Wassermann-Frau liebt Reisen. Im Urlaub, wenn möglich am Meer, kann sie alles um sich herum vergessen und richtig entspannen. Anspruchsvolle Kulturreisen liegen ihr ebenso wie die Strandurlaube, in denen sie stapelweise Bücher verschlingen kann. Auch im Urlaub ist sie anpassungsfähig und immer für Unternehmungen zu haben. Nicht selten ist sie die treibende Kraft und animiert ihre Mitreisenden dazu, das fremde Land zu erforschen und Abenteuer zu erleben.

Die Wassermann-Frau ist eine natürliche Schönheit, die keine Kosmetik nötig hat. Sie geht auch einmal ungekämmt aus dem Haus und wird gerade deshalb von ihrem Mann geliebt. Denn selten braucht sie länger im Bad als er.

Hat sie Familie, kümmert sie sich aufopfernd um den Nachwuchs. Sie erzieht ihn streng aber gerecht. Die Gesundheit der Familienmitglieder liegt ihr sehr am Herzen. So achtet sie immer auf eine gesunde Ernährung.

Humor ist die Stärke der Wassermann-Frau. Ist sie Teilnehmer eines anregenden Gesprächs, hat sie die Lacher meist auf ihrer Seite. Sie lacht gerne mit, wenn andere sie aufziehen und kann schlagfertig reagieren. Dabei ist sie selten verletzend und kann sehr gut zwischen Spiel und Ernst unterscheiden. In der Regel sucht sie sich einen humorvollen Mann, der sie oft zum Lachen bringt. Denn Spaß bedeutet ihr viel im Leben. Grüblern und Nörglern geht diese Frohnatur schon von vornherein meist aus dem Weg.

Als Gastgeberin ist sie spendabler Natur. Ihre Partys sind allgemein bekannt für das exklusives Ambiente und das gutes Essen. Bei ihr braucht auch niemand etwas mitzubringen. Wenn sie Gastgeberin ist, müssen sich ihre Gäste nur wohl fühlen.

Sie lebt gerne im Jetzt und hängt keinen Träumereien nach. Das was sie hat, genießt sie und hadert nicht mit sich, weil sie eine Chance verpasst hat. Das macht sie zur geborenen Optimistin.

Mit ihrem Elan kann sie Freunde und Kollegen mitreißen. Als Teamleiterin oder Chefin ist sie eine ideale Führungsperson, die ihre Mitarbeiter gerecht behandelt und stark motiviert. Dabei packt sie immer selbst mit an und ist sich nie zu schade, sich selbst die Hände schmutzig zu machen. Das mag ein Grund dafür sein, dass man sie auch in „männlichen" Berufen antrifft, wo sie dem anderen Geschlecht um nichts nachsteht.

Männer, die mit einer Wassermann-Frau eine Beziehung führen, sollten sich vor aufkommender Langeweile hüten. Wird es ihr einmal so richtig langweilig, ist sie imstande, das allzu bequeme Nest zu verlassen und sich einem Mann anzuschließen, der sie mehr herausfordert.

Wer als Partner einer Wassermann-Frau gerne den Ton angibt und bei allen Gelegenheiten sein Gegenüber von der Richtigkeit seiner Gedanken überzeugen will, wird bei ihr auf Granit beißen. Sie sucht in der Regel keinen typischen „Ernährer" und ordnet sich seinen Vorstellungen nur ungern unter.

Sie benötigt einen Partner, der ihr auf gleicher Augenhöhe begegnet. Durch diese Eigenschaft kann die Wassermann-Frau mitunter etwas männlich oder streng wirken und allzu sensible Gemüter erschrecken.

Auf eine Wassermann-Frau kann man sich verlassen. Absprachen werden immer eingehalten. Und hat sie sich einmal für einen Partner entschieden, ist sie kaum wankelmütig. Sie weiß, was sie will. Es ist ihr Leben, ihr Beruf und ihre Liebe – dessen ist sie sich in jeder Sekunde voll bewusst.

Oft entscheidet die Wassermann-Frau aus dem Bauch heraus. Ihr Gefühl sagt ihr mehr als alles andere. Und meist liegt sie richtig in ihren Entscheidungen. In Herzensangelegenheiten vertraut sie sich gerne einer besten Freundin an. Jedoch trifft sie ihre Entscheidungen selbständig und lässt sich kaum beeinflussen.

Erotische Vorlieben der Wassermann-Frau

Die Wassermann-Frau fühlt sich nackt am wohlsten. Gerne schläft sie deshalb unbekleidet und streift auch im Urlaub alle Hüllen ab, um sich zu sonnen. Ihre natürliche Schönheit wirkt wie ein Magnet auf das männliche Geschlecht.

Sie badet und schwimmt gerne. Das Wasser wirkt auch immer etwas erotisierend auf ihr Gemüt. Hier kann sie sich entspannen und richtig fallen lassen. So beginnen viele ihrer sexuellen Abenteuer im oder am Wasser.

Über den eigentlichen sexuellen Akt verliert sie kaum Worte. Warum auch?

Es ist schön, so wie es ist. Die Wassermann-Frau wird sich immer das zur eigenen Befriedigung holen, was sie sich wünscht – sei es eine Berührung oder ein Spielzeug.

Kondomen ist sie eher abgeneigt. Sie spürt die männliche Kraft lieber ganz nah und natürlich. Beim Sex kann sie sich gehen lassen und wild kratzen oder schreien – je nach Erregung. Ist es heimlicher Sex und kommt es darauf an, nicht entdeckt zu werden, kann sie still wie ein Mäuschen sein.

Die Wassermann-Frau genießt alle Arten von Liebkosungen. Sie wird gerne massiert und eingecremt. Eine Massage mit einem guten Öl bedeutet ihr fast mehr als der eigentliche Höhepunkt.

Auch wenn sie ab und zu passiv wirkt, übernimmt sie manchmal auch die aktive Rolle. Ist sie oben, liebt sie die Berührung an ihren Brüsten. So kann sie gleichzeitig mit ihrem Partner zum Höhepunkt kommen und ihn während der Ekstase ansehen.

Sie liebt Küsse in allen Variationen und ist eine Meisterin der Verwöhnung mit dem Mund. Dabei geht sie behutsam vor und treibt die Erregungskurve ihres Partners auf die Spitze.

Der Wassermann-Mann

Der Wassermann-Mann ist ein großzügiger Typ. Geht er mit Freunden aus, ist er meist der erste, der eine Runde ausgibt. Seine Spendierlaune bringt ihn manchmal in finanzielle Nöte. Jedoch schafft er es immer, einen Ausweg zu finden.

Er ist kein Mensch, der alles so macht, wie es seine Vorväter getan haben. Jede Handlung hinterfragt er und bringt seine eigenen Ideen mit ein. Hat er eine aufgeschlossene Erziehung genossen, konnte er seiner Kreativität freien Lauf lassen. Konservative Charaktere lehnt er ab. Für ihn ist die Welt dazu da, verändert und gestaltet zu werden.

Auch in seiner Seele ist er ein Freigeist. Er neigt zum Philosophieren und begegnet Problemen in erster Linie mit Fachwissen. Bei seinen Kollegen wird er deshalb sehr geschätzt. Sie schwören auf seine sachliche Herangehensweise, die vor Kritik nicht halt macht. Kritikfähigkeit setzt er bei seinen Mitmenschen voraus. Für Eitelkeiten oder Selbstverliebtheit hat er wenig übrig. Wenn etwas nicht nach seinem Geschmack verläuft, sagt er das auch frei heraus.

Der Wassermann-Mann sieht alles sportlich und lässig. Im Berufsleben, wie auch privat, nimmt er Hürden spielerisch. Und wenn etwas nicht klappt, nimmt er einen zweiten Anlauf. Er gibt nicht schnell auf und fängt dann damit an, über den Sinn oder Unsinn seiner Unternehmung nachzudenken. Hat er einen Entschluss gefasst, setzt er ihn auch in die Tat um. Dann kann ihn selten etwas davon abhalten.

Nicht selten ist er ein nervöser Typ, der kaum still sitzen kann. Er muss immer etwas bewegen und um ihn herum muss etwas los sein. Selbst im Urlaub ist ihm das Sonnen am Strand oft zu wenig. Er geht dann stundenlang herum oder begibt sich auch ohne Mitreisende auf Exkursionen, an die er sich später noch mit Genugtuung erinnert.

Hat die Frau seiner Wahl die richtige geistige Wellenlänge, bekommt sie auch Zugang zu seinem Herzen. Er lässt nicht jeden hineinblicken und umgibt sich oft mit einer geheimnisvollen Aura, die Frauen magisch anzieht. Öffnet er sich, schenkt er seiner Auserwählten jedoch sein Urvertrauen und alle Zärtlichkeiten, die man sich nur erdenken kann.

In Liebesdingen ist er bewandert. Er verbringt seine Jugend nicht nur mit dem Ausprobieren von Beziehungen sondern studiert auch die Lebensmodelle seiner Freunde. So macht er selten die gleichen Fehler.

Auf die Reize des weiblichen Geschlechts reagiert der Wassermann-Mann äußerst sensibel. Ihm gefällt ihre Gestalt und er kann sich an ihren Kurven nicht satt sehen. Er ist ein Augen-Mensch und sucht sich seine Partnerin auch aufgrund ihrer Attraktivität. Da er den Hang dazu hat, aus allem einen Wettkampf zu veranstalten, sieht er auch das Werben um eine Frau als sportliche Herausforderung. Als Rivale ist er ein gefürchteter Gegner. Denn er gibt niemals auf. Immer wieder findet er Schwachstellen seiner Gegner und bringt sie schlussendlich zu Fall.

Was im Privatleben funktioniert, funktioniert auch im Berufsleben. Er erklimmt mit Leichtigkeit die eine oder andere Karriereleiter und profiliert sich als ehrgeiziger Mitarbeiter mit Führungsansprüchen. Natürlich bleiben rechts und links seines Weges einige seiner Mitstreiter zurück. Das kümmert ihn wenig. Denn er blickt nach vorne und hat schon die nächste Herausforderung für sich erkannt.

Der Wassermann-Mann ist humorvoll und lacht gerne. Nichts ist ihm lieber, als wenn seine Partnerin über seine Witze lachen kann. Dann ist er in seinem Element und entwickelt sich zum gewitzten Humoristen, der auch vor sarkastischen Bemerkungen nicht halt macht.

Seine Freunde begeistert er mit seinem Intellekt. Wie schon die alten Griechen, beherrscht er es, brillant zu sprechen und mit

seinen Argumentationen oder Geschichten die Zuhörer in den Bann zu ziehen. Diese rednerische Begabung verschafft ihm auch im Beruf und in der Politik – sollte er sich für ein öffentliches Amt bewerben – viele Vorteile. Seine Argumentationen sind stets geistreich und voller Fantasie.

Gerät er an eine gebildete und sensible Frau, ist er am Ziel seiner Träume. Nicht selten verbringen die Beiden ihre Abende mit anregenden Gesprächen oder anspruchvollen kulturellen Unternehmungen.

Der Wassermann-Mann neigt zum verschwenderischen Luxus. Findet er eine Frau, die ihm etwas Einhalt gebietet, kann er sein Vermögen zusammenhalten und vermehren. Er neigt dazu, allzu leicht alles auf eine Karte zu setzen, wenn er davon überzeugt ist. Leider trügt der Schein des Öfteren und er muss bittere Verluste realisieren.

Wer als Partner des Wassermann-Mannes gerne immer den Ton angibt und ihn mit Penetranz von der Richtigkeit der eigenen Gedanken überzeugen will, ist bei ihm an der falschen Adresse. So leicht lässt er sich die Zügel nicht aus der Hand nehmen.

Frauen, die ihr Leben souverän und emanzipiert verbringen möchten, müssen hier einige Überzeugungsarbeit leisten, bevor sie dieses Ziel erreichen.

Erotische Vorlieben des Wassermann-Mannes

Wassermännern ist körperliche Liebe ohne geistige Verbundenheit selten möglich. Sie sind meist kein Typ, der ausschließlich aus sexuellem Interesse agiert. Durch seine eloquente Art schafft der Wassermann-Mann eine Basis des Vertrauens, aus der sich dann erst die körperliche Liebe entwickelt. Deshalb wird er kein Mann sein, den man mit einfachen Reizen überrumpeln und verführen kann. Ihm ist es immer wichtig, hinter die Fassade zu sehen. Die Seele einer Frau ist für ihn manchmal sogar erotisierender als ihr Körper.

Hat er den Entschluss zum Liebesspiel gefasst, ist er ein sehr gefühlvoller Liebhaber, der die geheimsten Wünsche seiner Partnerin entdeckt und gekonnt befriedigt. Er denkt nicht nur an den Trieb, zum eigenen Höhepunkt zu kommen, sondern beschäftigt sich ausgiebig mit seiner Partnerin. Gerne hört er ihrem Flüstern zu und schafft so Harmonie auf geistiger Ebene. Nicht selten ist er ein Künstler des gleichzeitigen Orgasmus, da er sich sehr gut kontrollieren kann.

Umständliches Ausziehen und komplizierte Stellungen sind nicht sein Ding. Er liebt es eher direkt und animalisch. Er kann alles um sich herum vergessen – der Ort spielt für ihn keine Rolle, nur was dort passiert.

Er lässt sich zwar gerne verwöhnen, jedoch empfindet er fast größere Lust darin, seine Partnerin in Ekstase zu versetzen. Es schafft ihm Genugtuung, wenn er sie nach dem Liebesakt vollkommen entrückt und erschöpft bewundern kann. In dieser Hinsicht ist er etwas eitel: Denn er will sich niemals nachsagen lassen, ein schlechter Liebhaber zu sein, der nur an sich denkt.

Was Wassermann und Partner verbindet

Ob es in einer Beziehung Harmonie oder Streit gibt, ist nicht immer nur Sache der Charaktere. Man spricht nicht umsonst vom guten Stern, der über einigen Beziehung steht. Eine Liebe, die ein Leben lang anhält, ist der Wunschtraum vieler Menschen in einer heute sehr schnelllebig gewordenen Zeit. Fast alle sehnen sich danach, im Partner die Person gefunden zu haben, mit der alle Schwierigkeiten im Leben zu meistern sind. Zudem darf eine harmonische Beziehung nie soweit abkühlen, dass sich die Partner auseinander leben. Hier kann ein Blick in das Partnerhoroskop helfen. Eventuelle Spannungen können so früh neutralisiert werden. Denn nur wenn Probleme früh erkannt werden, lassen sie sich schnell und unkompliziert lösen.

Zu einer vollkommenen Liebe gehört eine erfüllte Sexualität. Hält geistige und körperliche Verbundenheit sich die Waage, wird eine Beziehung in der Regel immer unter einem guten Stern stehen. Aber welche Vorlieben hat der Partner im Bett? Das ist eine viel zu selten gestellte Frage, die für einige Paare in der Trennung endet. Das muss nicht so sein.

Je mehr Sie sich mit den Vorlieben Ihrer Partnerin oder ihres Partners beschäftigen, desto erfüllender können die intimen Stunden für Sie beide werden.

Nachfolgende Partnerkonstellationen führen verborgene Wünsche und Abneigungen offen auf, die Ursache für Unlust im Bett sein können. Unterhalten Sie sich darüber mit ihrem Partner. Oftmals wird erst so ein lange gehegter Traum Wirklichkeit. Natürlich ist beim Sex alles erlaubt, was gefällt. Auch wenn Ihre Neigungen nicht genau den hier beschriebenen Praktiken entsprechen, finden Sie viele Anregungen, die das Sexualleben beleben können.

Widder als Partner des Wassermanns

Wassermänner haben eher ein abwartendes und passiv wirkendes Gemüt, das aber keinesfalls mit Schüchternheit verwechselt werden darf. Haben Widder diesen ersten Schutzpanzer geknackt, tauchen Wassermänner oft zur vollen Größe auf. Wassermänner verfügen über eine ungewöhnliche Anpassungsfähigkeit, die Widdern sehr entgegenkommt. Allerdings sollte diese Eigenschaft niemals ausgenutzt werden. Denn, hat der Wassermann einen Trennungsentschluss getroffen, wird er nicht mehr davon abzubringen sein.

Der Wassermann geht gerne aus – er ist nicht gerne alleine. Diese Eigenschaft verbindet ihn mit dem Widder, der gerne spontan abends um die Häuser zieht. Nicht selten ergeben sich sehr gute Freundschaften zwischen Widdern und Wassermännern, die ein Leben lang andauern können. Für eine lebenslange Liebe müssen beide Sternzeichen jedoch aufeinander zugehen. Der Widder muss vor allem behutsam vorgehen. Denn der Wassermann liebt es nicht, unbesonnen überrannt zu werden.

Das Paar läuft allerdings Gefahr, sich Hals über Kopf ineinander zu verlieben. Dann sehen beide einfach alles durch die rosarote Brille. Diese Eigenschaft setzt sich dann im weiteren Leben fort, wo oft durch gemeinsamen Enthusiasmus, Entscheidungen nicht genau genug durchdacht werden. Ein solches Paar sollte bei größeren Anschaffungen immer einen Sachverständigen oder Anwalt hinzuziehen. Das dafür eingesetzte Geld ist in jeder Hinsicht gut angelegt.

Das Liebesspiel des Wassermann-Widder Paares

Der Wassermann liebt es, verwöhnt zu werden. Damit sind nicht nur Streicheleinheiten gemeint, sondern alle Spielarten der zärtlichen Zuwendung. Oralsex und Massagen genießt er ebenso, wie ausgiebige Badeorgien. Er kann dabei sogar einschlafen. Dies ist jedoch nicht böse gemeint – denn der Wassermann kann einfach nicht anders, als sich hundertprozentig hingeben. Der Widder kann dem Wassermann die abwegigsten Vorschläge für sexuelle Spielarten machen und wird fast immer sein Gehör finden. Ausprobieren wird der Wassermann alles. Allerdings sagt er es auch deutlich, wenn ihm etwas nicht zusagt.

Wassermänner lieben es, sich der sexuellen Energie des Widders zu unterwerfen. Sie praktizieren gerne Oralsex und werden vom Widder am liebsten in lustbringende Positionen geführt. Das sieht nicht selten grob aus – ist aber für beide der reinste Lustgewinn. Der Widder entschädigt den Wassermann sogleich für alle seine Zuwendungen. Die so entfaltete Kraft des Widders ist animalisch. Er vergisst sich und alles um sich herum. Er ist nur noch Energie, die sich ganz dem Wassermann zuwendet. Versteht dieser diese Energie aufzufangen, ist diese Beziehung eine wundervolle Symbiose, aus der beide vollständige Befriedigung schöpfen können.

Beide lieben das Gefühl kühler Seide auf der Haut. Sollten sie seidene Bettwäsche noch nicht ausprobiert haben, wird es höchste Zeit!

Stier als Partner des Wassermanns

Der Stier ist fasziniert von der Spontaneität des Wassermanns. In ihm findet er Individualität, Geistesfrische und Lebensenergie. Der Wassermann seinerseits kann sich an der beständigen Kraft und Ausdauer des Stieres erfreuen.

Allerdings liegt hier auch das Problemfeld der Konstellation. Denn nicht selten entpuppt sich der Stier als Bremser und der Wassermann als unkontrollierbarer Vagabund, der nie an die Zukunft denken will.

Wassermänner können im Stier eine gewisse Lebhaftigkeit erzeugen. Sie zu bewahren, dazu bedarf es allerdings ein wenig Eigenleistung des Stieres, der hier sehr zur Behäbigkeit neigt.

Das Planen der gemeinsamen Zukunft fällt diesem Paar nicht so leicht wie anderen. Sie denken oft in unterschiedlichen Denkmustern: Auf der einen Seite Risikobereitschaft und auf der anderen Seite Sicherheitsdenken. Beide Vorlieben lassen sich nur schwer in ein Lebensmodell pressen. Haben beide Tierkreiszeichen allerdings einen Weg gefunden, wird er gerne mit voller Tatkraft beschritten. Der Stier sollte dann aber auf jeden Fall die Zügel nie ganz aus der Hand geben und den Wassermann nach Gutdünken schalten und walten lassen.

Bevor Verträge unterschrieben werden, sollte immer der Stier befragt werden. Sein erdverbundenes Gespür für Gefahr hilft oft dabei, Fallstricke ohne Verletzungen zu umgehen. Wassermänner neigen mitunter zu vorschnellen Entscheidungen, die sie im Nachhinein bereuen. Im Stier haben sie einen Partner, der ihnen wie ein guter Freund immer den richtigen Ratschlag geben kann.

Das Liebesspiel des Wassermann-Stier Paares

Die Energie und natürliche Unbekümmertheit beim Sex des Stieres geht nicht immer in der geistreichen Natur des Wassermanns auf. Zu gerne würde er sich noch etwas länger in Träumereien und Gesprächen abarbeiten, bevor er zum tatsächlichen Akt der Liebe schreitet. Den Stier kann das allerdings wahnsinnig machen. Er liebt eine direkte Berührung und schaltet seine Gedanken dann vollständig aus. Für ihn gibt es nur noch den anderen Körper, der wie ein Sexualobjekt begehrt wird.

Wassermänner lieben das leichte Geplänkel, bei dem nicht immer der Sex im Vordergrund steht, genau so gerne wie die spätere körperliche Vereinigung. Sie können kuscheln ohne überhaupt daran zu denken – was für den Stier unmöglich ist. Kommt er in Fahrt, ist an Halt oder Umkehr nicht mehr zu denken.

Konflikte dieses Paares zeigen sich eindeutig beim Vorspiel. Schafft der Stier es, sich etwas zu zügeln und dem Wassermann auch seine Lust am Kuschelsex zuzugestehen, wird alles Weitere zum Kinderspiel. Von diesem Gespür wird das Sexualleben zwischen diesen Partnern entscheidend beeinflusst.

Naturgemäß zieht es den Wassermann zum Wasser. Das ist sein Element. Es zählt zu seinen schönsten Erlebnissen, unter der Dusche von seinem Partner verwöhnt zu werden. Auch der Stier ist einem Spiel im Badezimmer aufgeschlossen. Im heißen Bad oder unter dem prickelnden Strahl der Brause kann er sich die kreativsten Liebesspiele ausdenken und sofort in die Tat umsetzen.

Zwillinge als Partner des Wassermanns

Wenn man diesem Paar überhaupt einen Ratschlag geben kann: „Bleibt so wie ihr seid!"

Nicht selten halten Zwilling-Wassermann-Bindungen ein ganzes Leben. Stirbt der eine früh, wird der andere nicht mehr so recht glücklich – Außer es findet sich noch ein weiteres Ideal im Leben.

In dieser Beziehung wird nicht nur von Offenheit geredet. Sie wird praktiziert. Gegenseitiges Vertrauen führt zu einer Harmonie, die von Außenstehenden oft neidisch bewundert wird. Beide Partner müssen dazu nicht viele Abstriche machen. Sie nehmen das Gegenüber so wie es ist und müssen sich darüber keine tiefschürfenden Gedanken machen. Überhaupt sind beide mit einer Frohnatur gesegnet, die sie zu Erforschern ihrer Umwelt macht. Fernreisen und auch das Studium exotischer oder vollkommen unbekannter Gebiete liegt ihnen. Nicht selten treffen sie sich in einem interessanten Beruf, den sie dann auch weiter ausüben und sich gegenseitig fördern und unterstützen. So bleibt auch der finanzielle Gewinn nicht auf der Strecke.

Das Liebesspiel des Wassermann-Zwillinge Paares

Das Sexleben dieses Paares kann man nicht mit dem Wort „Leidenschaft" umschreiben. Leid kommt hier nicht vor. Es ist eher eine ganz tiefsitzende Verbundenheit, die die Beiden schon beim ersten Mal spüren. Hier stimmt einfach alles.

Jede Berührung, jeder Kuss wirkt ungekünstelt und unverkrampft. Die Natur hat hier zwei Wesen vereint, die glücklicher nicht sein könnten. Sexuelle Spielarten gibt es für dieses Paar zwar viele, jedoch legen sie eigentlich keinen besonderen Wert auf Extravaganz. Für sie zählt die Intensität des Liebesaktes und nicht seine Ausführung. Sie lieben es, ganze Wochenenden im Bett zu verbringen und dort auch noch zu frühstücken. Oft lieben sie sich mehrmals am Tag und finden das ganz normal. In einem Wasserbett können sie sich wunderbar treiben lassen und jede Stellung auf ihre Art genießen.

Wenn man ihnen überhaupt einen Tipp mit auf den Weg geben kann, ist es dieser: „Probiert alles aus, was euch Spaß bereitet!"

Gehen einmal die Ideen aus, schauen sich Beide gerne erotische Filme an. Dabei können sie alles um sich herum vergessen und ganz in eine Fantasiewelt eintauchen. Nicht selten bekommen sie dann das Ende des Filmes überhaupt nicht mehr mit. Aber es gibt bestimmt einen weiteren Versuch.

Krebs als Partner des Wassermanns

Gegensätze ziehen sich an! Nicht selten kommen hier Menschen zusammen, die auf den ersten Blick nicht dachten, dass sie für einander bestimmt sind – denn beide sind in ihren Grundcharakteren recht unterschiedlich.

Für den Krebs, der die Harmonie und das traute Heim liebt, ist der Wassermann die treibende Kraft, immer wieder seine gemütliche Höhle zu verlassen.

Wassermänner sprühen oft vor Energie. Sie lieben leidenschaftlich und aus vollem Herzen. Genau da liegt die Schnittmenge mit den Krebsen, die sich nichts lieber wünschen, als eine intensive Partnerschaft. Hat der Wassermann ein offenes Ohr für die Wünsche und Probleme des Krebses, wird sich hier eine Beziehung bilden, die ewig Bestand haben kann. Krebse sollten dafür allerdings ihren Wassermännern die notwendige Freiheit zugestehen. Zu viele Einschränkungen machen Wassermänner traurig und krank. Spannungen bauen sich auf und können dann nur noch mit Mühe ausgebügelt werden.

Das Liebesspiel des Wassermann-Krebs Paares

Humor im Bett? Auch das ist hier möglich. Der Wassermann kann hier seine Trümpfe ausspielen. Er liebt es, den Krebs aus seiner Reserve zu locken und ihn zu verführen. Krebse werden durch diese Form der Zuwendung offen für alles, was Spaß macht. Sind sie auf den Geschmack gekommen und haben Vertrauen aufgebaut, können auch sie die treibende Kraft in diesem Spiel sein.

Weder Krebs noch Wassermann machen sich sonderliche Gedanken, wenn etwas einmal nicht so wie gewünscht funktionieren sollte. Da das geistige Band nicht vernachlässigt wird, gehen beide lustig und munter aus jeder Situation heraus. Da beide in der Regel tolerant eingestellt sind, probieren sie gerne alle gegenseitigen Vorschläge aus. Was gefällt wird beibehalten und verfeinert. Ein Paar, das auch vor komplizierten asiatischen Liebestechniken nicht zurückschreckt. Sie sehen sich gerne Bilder an und erschaffen sich so ihr eigenes Paradies, von dem sie genau wissen, dass es nur ihnen gehört.

Löwe als Partner des Wassermanns

Katzen scheuen das Wasser. Trotzdem gibt es diese Verbindung nicht allzu selten. Begeistert verlieben sie sich in einander, auch wenn Außenstehende die Hände über der Kopf zusammen schlagen.

Nach einer Zeit beweist sich allerdings, dass Verliebtheit alleine noch keine gesunde Ehe macht. Zum einen liegt das an der Art des Wassermanns, der die Königsstellung des Löwen sofort als sein Mittel zum Zweck erkennt. So kann er ihn sehr leicht durch Komplimente und Kritik dahin steuern, wo er ihn haben will. Löwen hingegen hören wenig auf die Vorschläge des Wassermanns und treten immer wieder daneben.

Haben sich die ersten Liebesträumereien gelegt, folgt meist die Ernüchterung beider Partner. Um die Beziehung zu retten, bedarf es Arbeit beider Seiten. Gegenseitiges Verständnis und Kommunikation sind hier die Heilmittel.

In finanziellen Dingen sollte das Paar bei wichtigen Entscheidungen immer einen Fachmann um Rat fragen. Das Geld hierfür ist immer richtig angelegt und bewahrt vor übereilten und falschen Entscheidungen.

Das Liebesspiel des Wassermann-Löwe Paares

Es ist von Anfang an aufregend. Denn der Wassermann versteht es, dem Löwen die geheimsten Wünsche zu entlocken. Ein Löwe, der die Extravaganz liebt, kommt hier ganz auf seine Kosten. Denn einen Wassermann kann so gut wie nichts erschrecken. So können beide ihre innersten Neigungen offenbaren und werden heißen Sex erleben.

Geraten die Experimentierfreuden des Wassermanns aber auf allzu extreme Abwege, wird ihm der naturverbundene Löwe nicht mehr folgen wollen. Hier zeigt sich, zu was der Löwe noch bereit ist.

Ist die Verbindung von gegenseitigem Respekt gekrönt und macht jeder nur das, was dem anderen ebenfalls Spaß bereitet, kann es die ideale sexuelle Beziehung sein. Durch den Erfindungsreichtum des Paares kommt es ständig zu neuen Ideen, die zu wundervollen Lustmomenten führen.

Eine Liebesnacht unter freiem Sternenhimmel gehört zu den schönsten Erfahrungen, die dieses Paar erleben kann.

Jungfrau als Partner des Wassermanns

Neigt der Wassermann dazu, auch andere Frauen oder Männer neben seiner gewählten Jungfrau zu beglücken, wird er in ihr keinen Partner fürs Leben finden. Jungfrauen reagieren eifersüchtig und sind konservativer eingestellt.

Jungfrau und Wassermann verbindet jedoch Übereinstimmung auf geistiger Ebene, die fast wichtiger ist, als alles Körperliche. Beide Sternzeichen besitzen großes Verantwortungsgefühl, was sie für soziale Aufgaben und nicht zuletzt für die eigene Familie prädestiniert. Im Innersten sind beide immer dann glücklich, wenn sie sich voll und ganz vom Partner verstanden fühlen. Kommunikation spielt für beide eine wichtige Rolle. Sie können so ihre Standpunkt festlegen und ihre Freiräume bestimmen, die sie dem anderen selbstverständlich ebenso gewähren.

Selbst langjährige Ehepaare können Themen diskutieren, ohne dem Partner immer ihre eigene Meinung aufdrängen zu müssen. Das Paar genügt sich selbst und wird von außen fast als ein wenig langweilig eingestuft. Darüber müssen sich aber weder Jungfrau noch Wassermann Gedanken machen – denn sie können sich glücklich schätzen. Die Meinungen anderer Menschen interessiert sie sowieso kaum.

Das Liebesspiel des Wassermann-Jungfrau Paares

Geht ein Jungfrau-Geborener auf die sexuellen Experimente des Wassermanns ein, kann er seine Lust neu entdecken. Und ist die Jungfrau erst einmal richtig entflammt, gibt es auch für sie kein Zurück mehr.

Nicht selten wird der Wassermann seinen Junfrau-Partner mit sexuellen Tricks und Spielereien überraschen. Auch die Spielzeuge holt in der Regel er ins Bett. Allerdings kann die Jungfrau vor allzu abwegigen Praktiken zurückschrecken. Denn im Innersten ihres Herzens bleibt sie stets ein wenig schüchtern. Genau das ist es, was den Wassermann immer aufs Neue anstachelt. Er will zeigen, wer der Meister der Liebe ist. Er will seinen Partner dazu bringen, dass er vollständig abschaltet und nur noch in der Ekstase aufgeht. Und man kann hier mit Sicherheit behaupten, dass Jungfrauen in Wassermännern wirkliche Meister ihre Faches finden. Allerdings sollten Jungfrauen auch ab und zu beim Wassermann Hand anlegen. Sonst laufen sie mit der Zeit Gefahr, für ihn langweilig zu werden.

Waage als Partner des Wassermanns

Seelische und körperliche Liebe sind in dieser Konstellation gleich gewichtet. Das eine kommt ohne das andere nicht aus, sondern ist gesunde Ergänzung. Der Wassermann, ganz und gar mutiger Abenteurer, findet im Waage-Partner einen wunderbaren Freund, mit dem er Pferde stehlen kann. Die beiden reisen gerne und sind neugierig auf fremde Kulturen. Sie lieben exotische Speisen und sind allen Formen der Kultur geistig aufgeschlossen. So sind sie bei ihren Gästen sehr gern gesehene Gäste, die immer eine Geschichte parat haben. Ihre Freunde schätzen sie zudem wegen ihrem Einfluss. Denn fast immer engagieren sie sich öffentlich, z.B. in Politik, Vereinen oder Ehrenämtern. Zudem besitzen sie eine künstlerisch-kreative Aura, die einige von ihnen bis zur Profession treiben. Man kann dann nicht so ganz unterscheiden, was nun die Kunst ist – das Kunstwerk, das sie geschaffen haben oder gar sie als Künstler selbst.

Wo so viel Positives herrscht, muss man schon das Negative mit der Lupe suchen. Ein Punkt sticht aber hervor: Beide sollten auf ihr Geld achten. Zu schnell sind die mühsam verdienten Gehälter aufgebraucht und keiner weiß, wo das Geld geblieben ist.

Das Liebesspiel des Wassermann-Waage Paares

Die glänzende Harmonie des Wassermann-Waage-Paares setzt sich in der körperlichen Liebe ohne Abstriche fort. Beide können gut in den Körper des Partners hinein fühlen. Sie spüren seine Bedürfnisse und Abneigungen, ohne dass sie dafür lange Gespräche führen müssten.

Am Wochenende bleiben sie gerne lange im Bett. Was dort passiert entspringt der Kreativität beider Sternbilder. Dem Wassermann wird gerne die Führung überlassen und er gibt die Richtung vor. Er schätzt die sensible und zärtliche Art der Waage, die ihn mit sanften Berührungen bis zur Besinnungslosigkeit erregen kann.

Das sollten sie ihren besten Freunden jedoch nicht anvertrauen. Denn es könnte sonst deren Neid entfachen. Sie wissen ja selbst am Besten, welchen Glücksgriff Sie gemacht haben. Dafür benötigen Sie nicht die Zustimmung ihrer Freunde.

Ist das Paar einmal zusammen, wünscht es sich schnell Ehe und Kinder. Denn in dieser Konstellation sprechen beide Partner immer davon, endlich den gefunden zu haben, den sie sich schon immer gewünscht haben. Man kann ihnen nur noch ein langes und gesundes Leben wünschen. Der Rest regelt sich von alleine.

Skorpion als Partner des Wassermanns

Zwei Energiebündel treffen aufeinander. Wenn es hier zu keinem Kurzschluss kommt, hat diese Beziehung Zukunft. Spannung und Aktivität – beides Eigenschaften beider Tierkreiszeichen – bilden hier ein tolles Doppelpack.

Gesellt sich die Bereitschaft dazu, den Partner in seinem Handeln zu unterstützen und die Erfolge gemeinsam zu feiern, steht diese Verbindung unter einem glücklichen Stern. Skorpione streben zwar danach, ihren Wassermann unter Kontrolle zu halten – sie sollten jedoch die Fesseln etwas lockerer lassen. Wassermänner lieben die Freiheit und können ganz schön sauer werden, wenn sie sich zu stark einschränken müssen. Nicht selten suchen sie sich aus diesem Grund einen anderen Partner, der mehr auf ihre Bedürfnisse eingeht.

Zukunftspläne gibt es in dieser Beziehung mehr als genug. Damit sie in Glück und bares Geld umgewandelt werden können, bedarf es jedoch den Willen beider Partner, am gleichen Strang zu ziehen. Gesellt sich Neid und Missgunst dazu, wird der Umgangston rauer. Um das zu vermeiden, sollten beide mehr auf ihren Partner eingehen und nicht immer nur an sich denken.

Das Liebesspiel des Wassermann-Skorpion Paares

Das Paar strebt danach, seine innersten Gefühle – seien sie auch noch so verwegen – mit dem Partner auszuleben. Nicht selten finden sich beide in Sparten des harten Sex oder in der Sado-Maso-Szene wieder. Natürlich werden nicht alle Verbindungen dieser Art in Lack und Leder auftreten. Die Tendenz zu Machtspielen haben beide Partner.

Es ist die Vorliebe des Skorpions, den Wassermann während des Liebesspiels zu unterwerfen. Der Wassermann-Geborene fügt sich aber selten seinem Schicksal. Er begehrt auf und versucht seinerseits den Skorpion in devote Haltungen zu zwingen. Sind die Rollen klar verteilt, kann sich für sie eine befriedigende Sexualität entwickeln.

Streben alle beide hingegen sie Führungsposition an, kann es auch zu starken Spannungen kommen. Nicht selten wendet sich dann ein Partner vom anderen ab. Gegenseitige Achtung und Respekt sind die Grundvoraussetzungen für einen wundervollen Liebesakt. Und wenn dem Partner eine Praktik nicht zusagt, sollte der andere das akzeptieren und ihm für seine Offenheit danken. Nur so kann auch im Bett Harmonie herrschen – auch wenn es härter zugeht.

Schütze als Partner des Wassermanns

Freundschaft und Liebe sieht man hier vereint. Nicht selten kennt sich das Paar bereits von früher und irgendwann entdeckt man die Gemeinsamkeiten, die einen das weitere Leben lang verbinden.

Beide lieben die Natur. Haben beide genug Freizeit, zieht es sie immer nach draußen. Sei es ein Camping-Urlaub oder ein spontaner Wochenendtrip nach Paris. Beide lieben das rauere Klima der nordischen Zonen. Und nicht selten war der eine oder andere schon einmal in Skandinavien.

Das Paar braucht nicht viele Menschen um sich, um glücklich zu sein. Es wird gewöhnlich für seine harmonische Ausstrahlung von anderen beneidet. Eine Tatsache, die beide genießen – was für Außenstehende fast überheblich wirken kann.

Eifersucht ist für beide ein Fremdwort. Wenn der eine es nötig hat nach einem anderen Partner Ausschau zu halten, ist es meistens sowieso schon zu spät für ein rettendes Gespräch. Denn Liebe ist für beide nicht nur eine Floskel – sie wird in jeder Faser des Körpers empfunden.

Beide sollten ihren angeborenen Arbeitseifer nicht nur auf die berufliche Ebene beschränken. Gemeinsame Beschäftigungen sind ein Garant für eine stabile Beziehung.

Das Liebesspiel des Wassermann-Schütze Paares

Wassermänner sind offen für alles. Sie sind kreativ und mindestens genauso aktiv wie ihre Schütze-Partner. Das macht sie zu idealen Partnern im Bett. Ihr Sex ist stets eine Harmonie des Körpers und des Geistes.

Wer führt, ist hier nicht wichtig. Hauptsache, beide haben Spaß an der Sache. Auch Humor ist bei diesem beneidenswerten Paar nicht wegzudenken. Manchmal probieren sie eine unbekannte Sexualpraktik aus und lachen danach darüber. Was für gut befunden wird, wird dann gerne in das Liebesspiel eingeflochten.

Der Wassermann mag es jedoch nicht, zu schnell überrannt zu werden. Zeit spielt für ihn eine wichtige Rolle. Stellt sich der Schütze darauf ein und bringt genug Geduld für ein ausgiebiges Vorspiel auf, werden beide glücklicher sein.

Das Wassermann-Schütze-Paar zieht natürlichen, unkomplizierten Sex vor. Beide schlafen gerne nackt – oder zumindest in Seide. Sexspielzeug wird zwar gerne einmal ausprobiert, dann aber schnell wieder beiseite gelegt. Ohne Accessoires ist es einfach praktischer.

Steinbock als Partner des Wassermanns

Oftmals kennen Steinbock und Wassermann sich vor einer Liebesbeziehung sehr lange. Sie waren gute Freunde und mussten beide unendlich lange überlegen, ob sie das, was sie verbindet für eine Beziehung wirklich riskieren sollten. Dass sie es nun doch mit einander versuchen, ist in erster Linie dem Wassermann zu verdanken, der den vernünftig denkenden Steinbock an die Hand nimmt. Zusammen können sie auch viel mehr erreichen als alleine. Denn beide ergänzen sich in ihren Eigenschaften.

Wassermänner lieben an Steinböcken, dass sie Sicherheit und Stärke ausstrahlen. Sie geben ihnen Raum, die eigene Kreativität zu entfalten und sie nicht zuletzt deshalb zu lieben. Denn der Wassermann kann einiges ertragen – jedoch kaum, wenn er in seinen Freiheiten beschnitten wird. Den Vorteil daraus ziehen beide Partner.

Durch ihre überdurchschnittliche Selbstständigkeit erziehen sie ihre Kinder schnell zu kleinen Erwachsenen, die das Leben mit Bravour meistern. Freundschaft innerhalb der Familie ist das höchste Gut dieses Paares, das auch im hohen Alter noch einen ausgiebigen Kontakt zu ihren Kindern pflegt.

Das Liebesspiel des Wassermann-Steinbock Paares

Kultiviert geht es hier zu. Wassermänner bringen mit ihrer Kreativität frischen Wind ins Schlafzimmer. Steinböcke lenken die Energie in die richtigen Bahnen. So wird der Sex zwischen beiden eine Bereicherung. Das Liebesleben spielt eine große Rolle in der Beziehung dieses Paaren. Es wäre daraus nicht wegzudenken. Mit platonischer Liebe kann das Paar nichts anfangen.

Trennt sich das Paar, ist meist auch die unbefriedigende körperliche Liebe ein entscheidender Faktor, der vielleicht unterbewusst zu lange verdrängt wurde.

Um diesem Risiko zu begegnen, sollten sich beide über ihre verborgenen Wünsche unterhalten. Sind sie ehrlich zu einander, werden sie schnell bemerken, welche Dinge den Partner stören und welche ihm gefallen.

Ein Tipp: Beide schreiben ihre fünf geheimsten Wünsche auf einen Zettel und geben sie ihrem Liebsten.

Und dann?

Es wird auf jeden Fall ein spannendes Wochenende!

Wassermann als Partner des Wassermanns

Auf körperlicher wie seelischer Ebene bildet dieses Paar eine Einheit. Dennoch hat jeder Partner seine eigenen Interessen und Ziele. Geben beide sich genug Freiraum, kann jeder von ihnen in freier Entfaltung das Leben genießen. Tiefgreifende Gespräche sind nicht so ihr Ding. Sie kommen lieber schnell zu einer Entscheidung, ohne zu lange darüber nachzudenken. Wenn etwas über ihren Verstand hinausgeht, denken sie nicht weiter darüber nach. Diese Eigenschaft hat jedoch auch ihre durchaus positiven Seiten. Denn sie nehmen sich deshalb auch nicht alles zu sehr zu Herzen.

In ihren Herzen herrscht Optimismus und Erfindergeist, was sich selten in definierte Regeln zwängen lässt. Deshalb wird man von einem Wassermann immer das Wort „aber" hören können. Er fügt sich nun einmal nicht gerne in Regeln, die von anderen willkürlich aufgestellt werden.

Das Wassermann-Paar genießt das Leben aus vollen Zügen. In der Jugend wird keine Party ausgelassen. Hier ist man in Gesellschaft. Die Liebe zu anderen Menschen und zur Kommunikation legen beide nie ab. Und so trauern sie im Alter etwas der unbeschwerten Zeit nach, in der sie fast jede Nacht unterwegs waren. Doch die Melancholie verschwindet rasch, wenn die nächste Aktivität in Sicht ist.

Das Liebesspiel des Wassermann-Wassermann Paares

Geist und Körper schmelzen in ein alles umfassendes Glücksge-
fühl. So könnte man das Gefühl beschreiben, das beide bewegt,
wenn sie im Liebesspiel vereint sind.
Sie vergessen alles um sich herum, hören die Musik nicht mehr,
kein Handy, kein Klingeln an der Tür. Sie schweben.
Beide Wassermänner sind ausgesprochen aktiv und kreativ. Sie
gehen behutsam zu Werke und entblättern ihren Schatz meist
gegenseitig. Wer die Führungsrolle beansprucht, wird nicht immer offensichtlich. Es kann schon sein, dass es einmal dem einen,
einmal dem anderen Partner in der einen oder in der anderen
Stellung besser gefällt. Jedoch wird es beide nicht stören – denn
sie kommen gemeinsam auf ihre Kosten.
Das Paar hat die besten Voraussetzungen dafür, wie im Rausch
gleichzeitige Orgasmen zu erleben. Übt der Mann sich in der
Kunst des multiplen Orgasmus, kann er wie auf Wellen seine
Partnerin von einem Höhepunkt auf den nächsten schicken. Die
Ausdauer und die Kreativität dafür, sind auf jeden Fall vorhan-
den. Sie sollten es versuchen.

Fische als Partner des Wassermanns

Obwohl beiden Partnern das Element Wasser zugesprochen wird, läuft es in dieser Beziehung nicht immer rund. Denn Fische suchen Harmonie und neigen dazu, den Wassermann zu umklammern. In Wirklichkeit sind Fische nun Abhängig von den Gefühlen ihres Partners. Bleiben Komplimente und Liebesbeweise aus, geraten sie ins Zweifeln und können oft die Karten nicht offen auf den Tisch legen. Wassermänner bekommen dann fast keine Luft mehr und brechen aus. Untreue und Spannungen können daraus resultieren.

Empfindsamen Fischen sei deshalb geraten, ihre Gefühle offen zu artikulieren und dem Partner Raum zum Atmen zu geben. Die Abende müssen nicht immer zu zweit verbracht werden. Jeder kann mit seinen Freunden etwas unternehmen, ohne dass der andere gleich Eifersüchtig reagieren muss. Nur so kann sich eine Beziehung gesund erhalten.

Werden diese Klippen umschifft, kann die Beziehung der Meeresbewohner unter einem guten Stern stehen. Um dieses Ziel zu erreichen, müssen beide an sich arbeiten. Ihre tiefe Zuneigung hilft ihnen dabei. Sie ist gleichzeitig das Mittel um Rückschläge zu verkraften.

Das Liebesspiel des Wassermann-Fische Paares

Beim Liebesspiel zwischen beiden Partnern gibt es weniger Probleme als gedacht. Der sensibel agierende Fisch schätzt die Stimmung seines Partners in der Regel richtig ein. Wassermänner geben meist den Ton an, jedoch sind sie auch bereit, zu genießen. Hier laufen sie allerdings Gefahr, sich immer mehr in ihrer passiven Rolle wohl zu fühlen und die Zärtlichkeiten des Fische-Partners ohne Gegenleistung zu konsumieren.

Da Fische ein gutes Einfühlungsvermögen besitzen, werden sie sich zwar einige Zeit mir der Situation arrangieren – jedoch kann die körperliche Liebe keine Einbahnstraße zwischen ihnen sein. Nutzt der Wassermann seine Position zu sehr aus, verkümmert der Fisch, wird schlecht gelaunt oder verweigert sich.

Wassermänner können perfekte Liebhaber sein. Sie haben neue Ideen, mit denen sie das Sexualleben bereichern können. Sie lieben es, den Akt so abwechslungsreich wie möglich zu gestalten. Auch die Orte, an denen es zur körperlichen Liebe kommt, werden oft gewechselt. Aber es liegt an den Fischen, sich nicht alleine mit der Idee zufrieden zu geben. Zur Liebe gehört immer der Wille beider Partner.

Der Jahresrhythmus der Sternzeichen

Wie beim bekannten Biorhythmus gibt es auch in der Liebe zeitweise Höhen und Tiefen. In der Partnerschaft kann es deshalb zu Hochgefühlen und Konflikten kommen, die persönlich schwer beeinflusst werden können. Manchmal denken wir, dass wir schon morgens mit dem falschen Fuß aufgestanden sind, an anderen Tagen fühlen wir uns energiegeladen und uns gelingt alles, was wir uns für diesen Tag vorgenommen haben. Wenn es uns gelingt, die innere Uhr abzulesen, die von unserem Sternzeichen beeinflusst wird, haben wir die Möglichkeit, unser Leben positiv zu beeinflussen. Nicht immer ist es vorteilhaft, sich mit aller Kraft einer inneren Stimmung entgegen zu stemmen. Wenn wir die Ursache jedoch kennen, können wir auch mit unseren Schwächen behutsamer umgehen und sie lieben lernen.

Wir sind eine Einheit aus Geist und Körper. Wenn etwas aus dem Gleichgewicht gerät und eine Seite elementar vernachlässigt wird, hat das oft gesundheitliche Probleme zur Folge. Um dieser Gefahr vorzubeugen, genügt es, seine innere Stimme lesen zu lernen um seine Reserven besser abschätzen zu können.

Die folgenden Diagramme helfen dabei, unbewusste Schwächen und Höhen des Sternzeichens im Jahresverlauf zu erkennen – auch wenn sie zum jeweiligen Zeitpunkt vielleicht nicht offensichtlich sind. Ist eine Kurve im Tal, bedeutet das nicht, dass es zur Zeit unmöglich ist, gewisse Dinge trotzdem in Angriff zu nehmen. Im Gegenteil: Es sollte Motivation geben, die zur Zeit vernachlässigten Bereiche in Eigeninitiative zum Positiven zu wenden.

Die Sterne beeinflussen zwar unser Leben, jedoch können wir eigene Richtungen und Impulse setzen, die auch in scheinbar negativen Konstellationen zu Erfolg und Glück führen können.

Libido

Diese Kurve zeigt unsere unbewusste sexuelle Energie an. Zeiten sexueller Aktivität und Kraft wechseln mit scheinbar lustlosen Momenten. In Zeiten der Hochphasen, spüren wir die sexuelle Anziehungskraft des Partners besonders stark. Wir begehren und wünschen uns begehrt zu werden. Schläft die Libido zeitweise ein, ist es an der Zeit, das Feuer neu zu entfachen.

Körper

Der eigene Körper gerät in dieser schnelllebigen Zeit oft in Vergessenheit. Oft spüren wir ihn erst, wenn er Warnsignale aussendet. Manchmal ist es dann schon zu spät, ihm wieder Erholung zu verschaffen. In Zeiten der Kraftlosigkeit empfiehlt sich Sport, Wellness und die Beschäftigung mit dem eigenen Körper.

Geist

Im Berufsleben beanspruchen wir ihn oft so stark, dass wir zu Hause nur noch unsere Ruhe haben wollen. Stress ist Gift für unsere Seele. Er wirkt sich negativ auf unsere Gesundheit aus. Viele Menschen gönnen sich zu wenig Zeit für sich selbst. Meditation und Entspannungstechniken helfen uns dabei, Krisensituationen zu meistern und wieder Energie zu tanken.

Liebe

Liebe bedeutet hier, dem Partner Aufmerksamkeit zu schenken, und ihm zuzuhören. Niemand steht seinem Partner näher als Sie selbst. Es liegt an Ihnen, Situationen zu wundervollen Momenten zu verwandeln. In diesen vertrauensvollen Phasen spüren sie das innere Band, das sie verbindet.

Wassermann-Frau

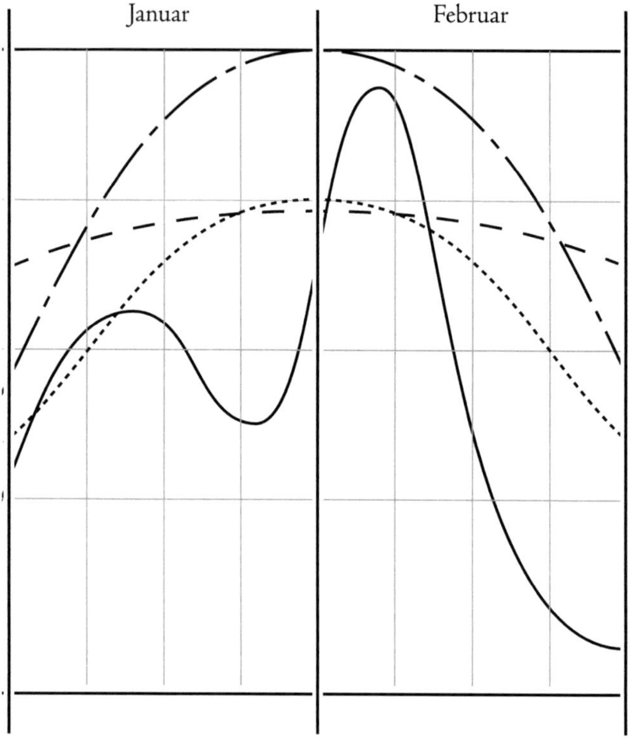

Januar	Februar

_____ Libido

\- - - - - Körper

—·—·— Geist

················ Liebe

Wassermann-Frau

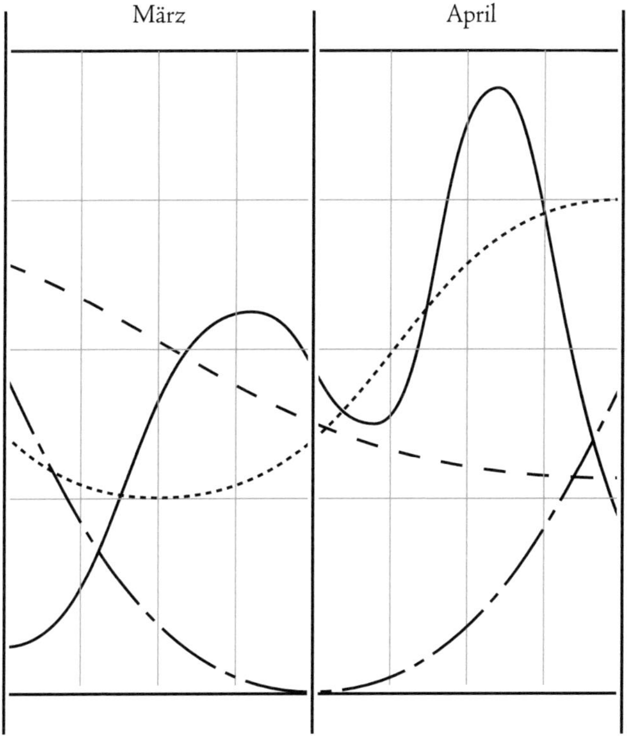

	März	April

———— Libido
– – – – Körper
—·—·— Geist
················ Liebe

Wassermann-Frau

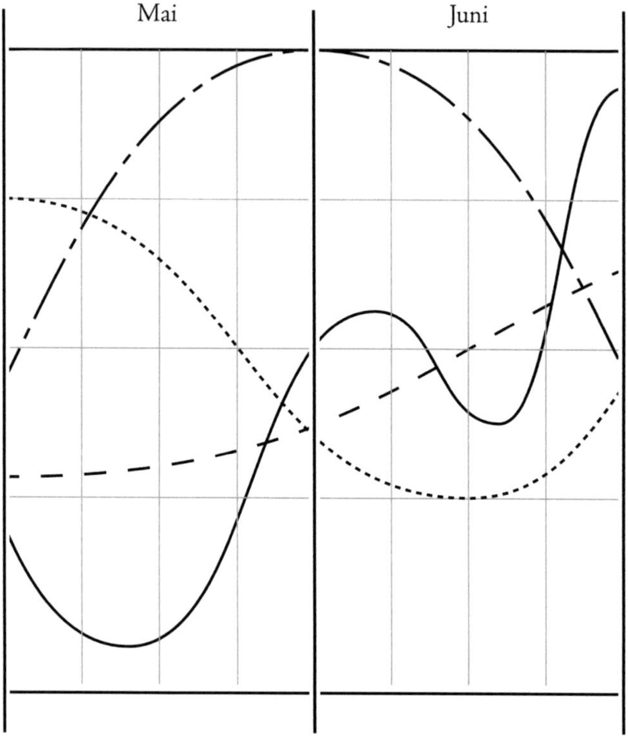

Mai	Juni

——————— Libido
– – – – – Körper
—·—·— Geist
·················· Liebe

Wassermann-Frau

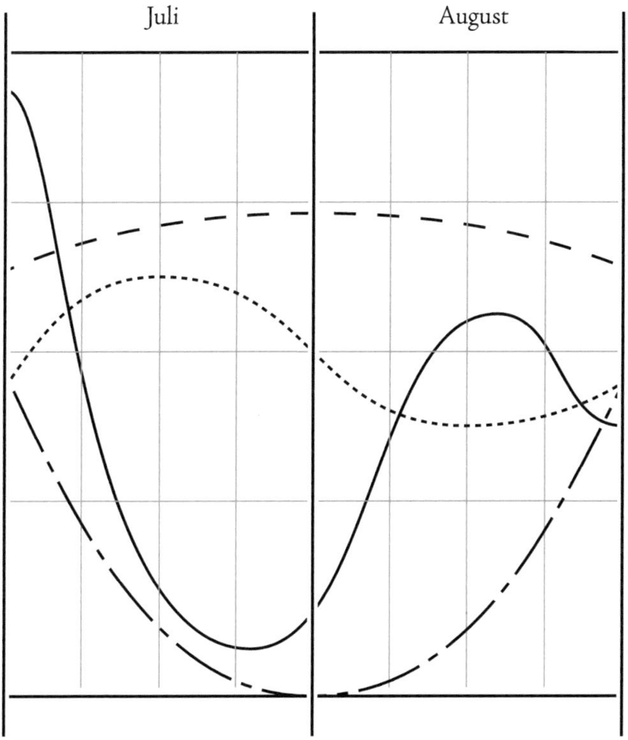

Juli	August

———— Libido

– – – – Körper

—·—·— Geist

·············· Liebe

Wassermann-Frau

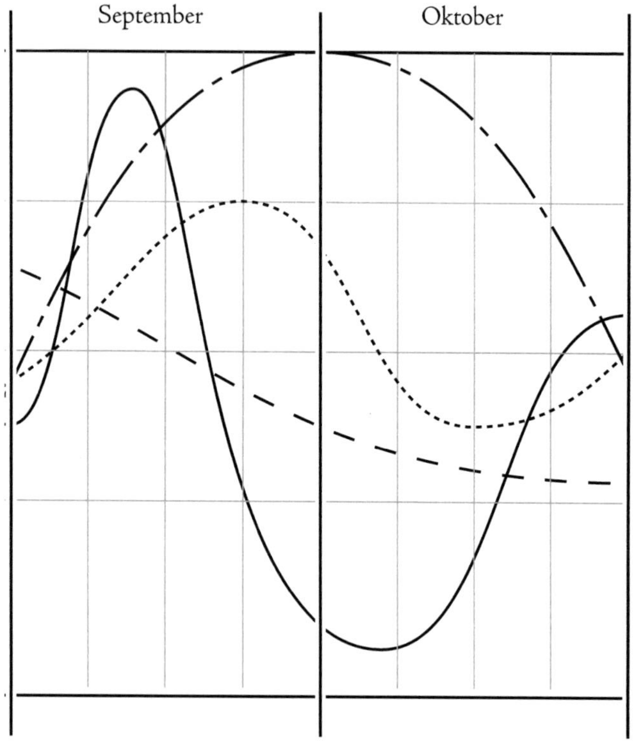

September	Oktober

——— Libido
– – – – Körper
—·—·— Geist
·············· Liebe

Wassermann-Frau

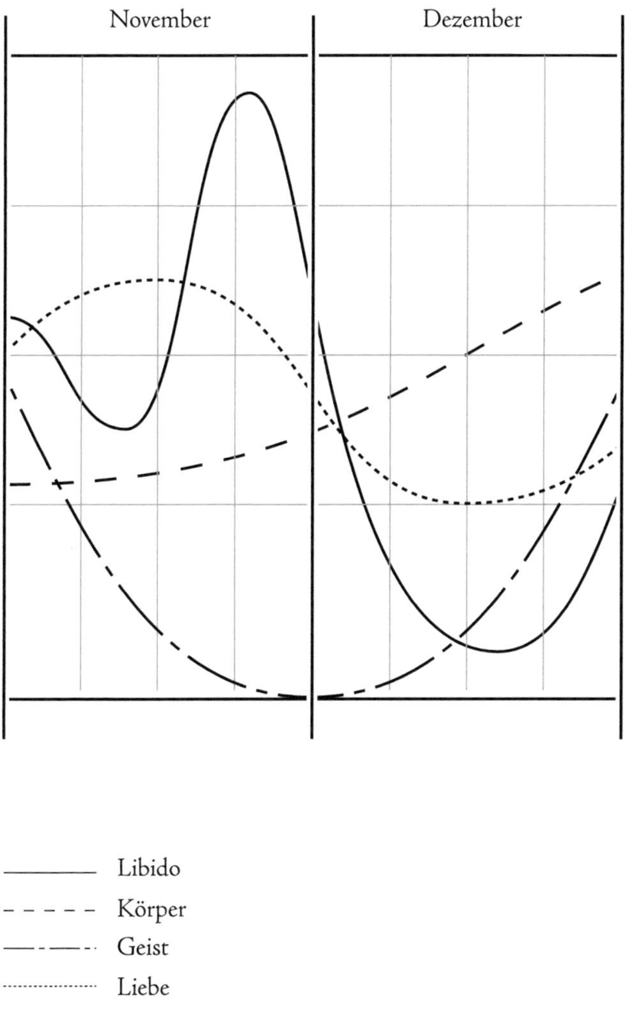

November	Dezember

——— Libido

- - - - Körper

—·—·— Geist

·············· Liebe

Wassermann-Mann

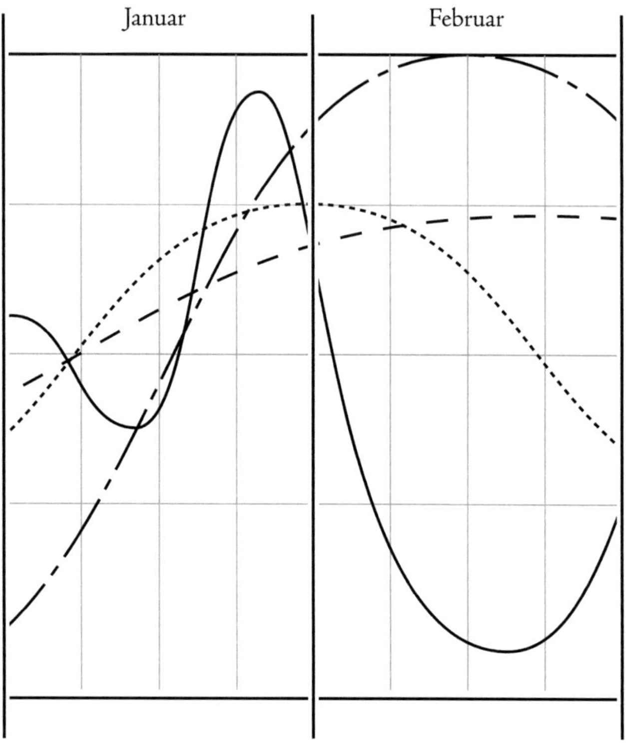

Januar	Februar

———— Libido

– – – – – Körper

—·—·— Geist

·············· Liebe

Wassermann-Mann

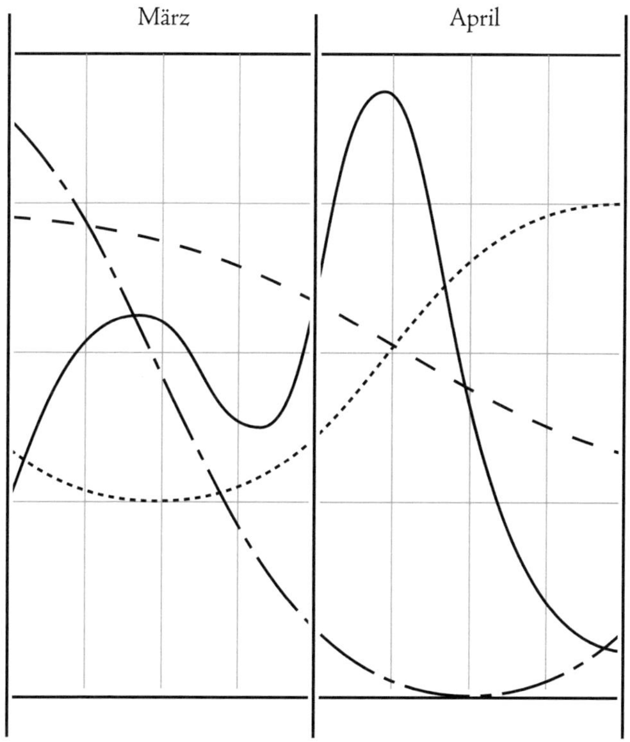

	März	April

——————— Libido

− − − − − Körper

—·—·—·· Geist

···················· Liebe

Wassermann-Mann

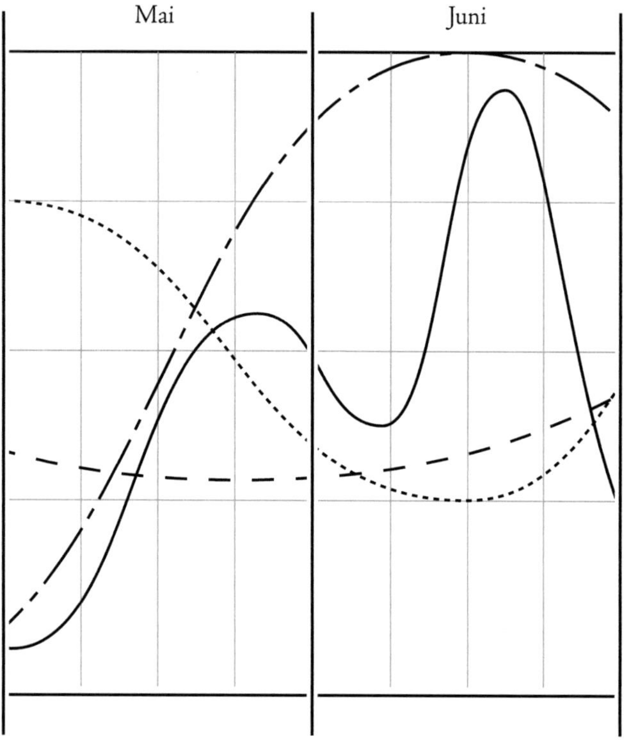

Mai	Juni

_____ Libido

− − − − − Körper

—·—·· Geist

·················· Liebe

50

Wassermann-Mann

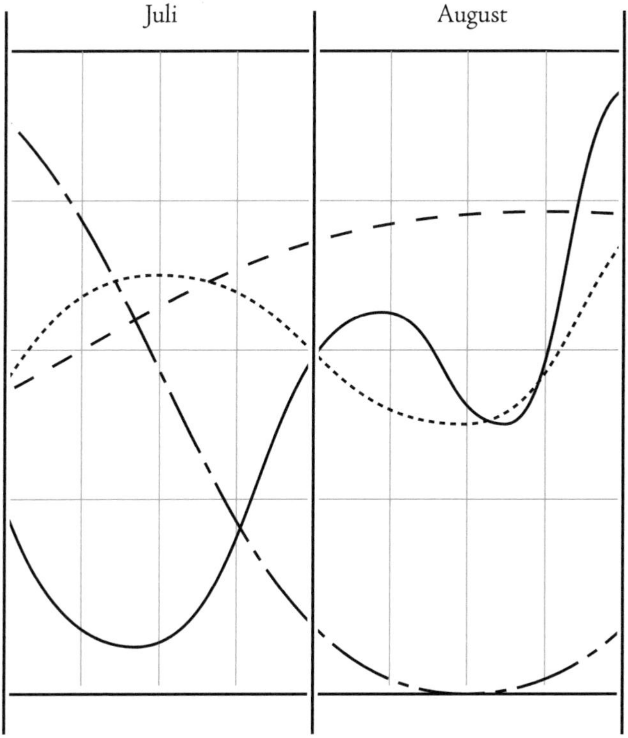

Juli	August

_____ Libido

- - - - - Körper

—·—·—·· Geist

·················· Liebe

Wassermann-Mann

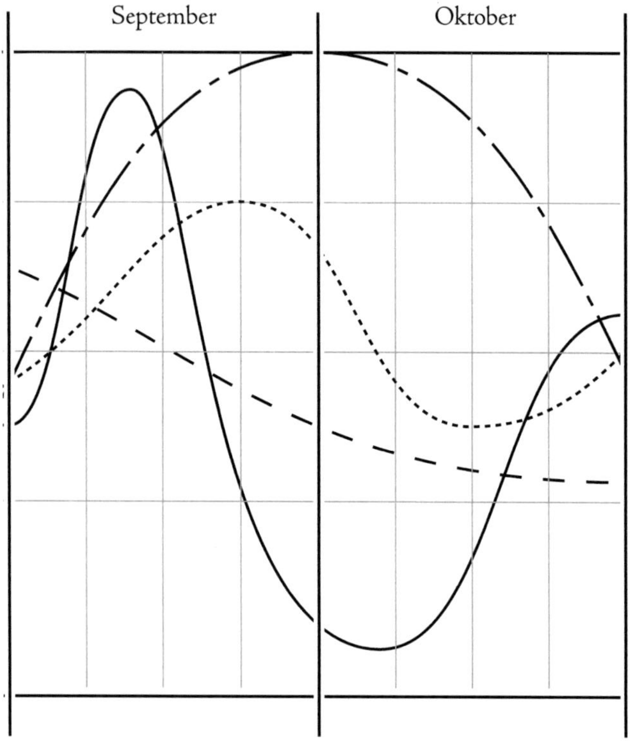

September	Oktober

——— Libido
- - - - - Körper
—·—·· Geist
··············· Liebe

Wassermann-Mann

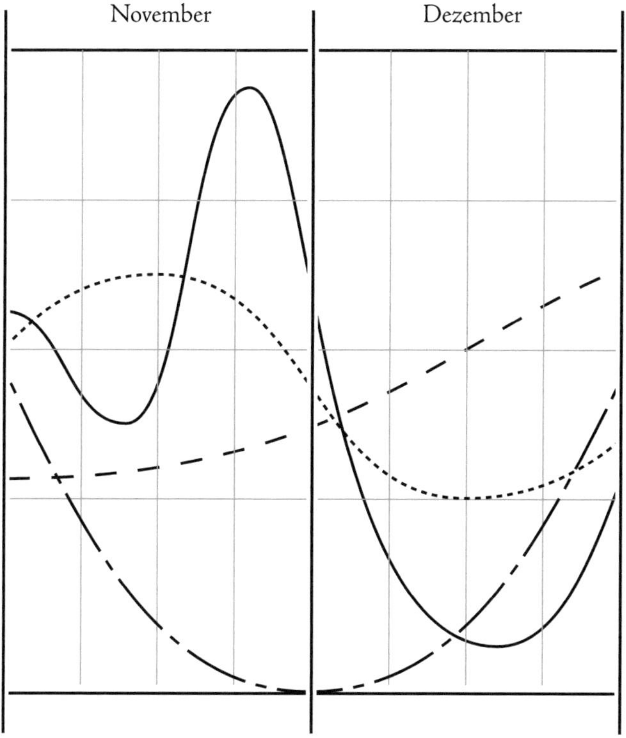

November	Dezember

——————— Libido

– – – – – Körper

—·—·—· Geist

·················· Liebe

Literatur zu Sternzeichen und Astrologie

Hermann Meyer
Das Grundlagenwerk der psychologischen Astrologie: Erkenne
Deine Licht- und Schattenseiten und die Deiner Mitmenschen

Frances Sakoian, Louis S. Acker
Das grosse Lehrbuch der Astrologie: Wie man Horoskope stellt
und nach neuesten wissenschaftlichen Erkenntnissen Charakter
und Schicksal deutet

Hermann Meyer
Astrologie und Psychologie: Eine neue Synthese

Christopher A. Weidner, Sabine Bends
Intuitive Astrologie: Nutzen Sie Ihr inneres Wissen für tiefe
Einsichten über sich selbst

Frank Felber
Wiederkehrhoroskope: Der Schlüssel zu verborgenen Zyklen

Ingrid Zinnel
Familienkonstellationen im Horoskop: Verstrickungen und
Lösungen aus astrologischer Sicht

Literatur zu Entspannung und Sexualität

Jan Aalstedt
Der multiple Orgasmus des Mannes. So kommen Sie nicht
mehr zu früh und können mehrere Höhepunkte erleben.

Ludwig Reichenbach
Endlich mit Frauen flirten: Wie Sie lernen, Schüchternheit und
Angst vor dem Flirten mit einfachen Übungen erfolgreich selbst
zu überwinden

Ludwig Reichenbach
Endlich mit Männern flirten: Wie Sie lernen, Schüchternheit
und Angst vor dem Flirten mit einfachen Übungen erfolgreich
selbst zu überwinden

Lou Paget
Der perfekte Liebhaber: Sextechniken, die sie verrückt machen

Lou Paget
Die perfekte Liebhaberin: Sextechniken, die sie verrückt machen

Lou Paget
Der Super-Orgasmus: Höhepunkte zum Abheben

Jon Kabat-Zinn
Gesund durch Meditation: Das große Buch der Selbstheilung

David Servan-Schreiber
Die Neue Medizin der Emotionen: Stress, Angst, Depression:
Gesund werden ohne Medikamente